Inhalt

Dampflokomotiven

Dieses Foto entstand in der letzten Fabrik für Dampflokomotiven in Datong, China. Eisenbahnen trugen zum Wachstum vieler Städte und zur Erschließung großer Gebiete bei und sind bis heute die wichtigsten öffentlichen Verkehrsmittel.

Colin Hynson

Die Eisenbahn

WILL'S CIGARETTES.

HEDLEY'S PUFFING BILLY, 1813.

»Puffing Billy«

Um die Kraft der Maschinen besser auszunutzen, wurden zunächst Zahnradlokomotiven konstruiert. Der britische Ingenieur William Hedley entwickelte schließlich Zugräder, die Zahnräder überflüssig machten. Das Ergebnis seiner Bemühungen war der 1813 von ihm gebaute Zug »Puffing Billy«. Er brachte die Kohle aus einem Bergwerk in Nordengland zu einem nahe gelegenen Fluss.

Cugnots Dampfwagen

Der französische Armeeingenieur Nicholas Cugnot entwickelte die erste fahrende Dampfmaschine. 1769 baute er für die Kanonen der französischen Armee einen dreirädrigen Wagen. Wegen des Gewichts des vorne angebrachten großen Kupferkessels war er kaum zu lenken; die erste Fahrt endete an einer Mauer. Im darauf folgenden Jahr führte Cugnot in Paris einen neuen Wagen vor, der aber in einer Kurve stürzte. Cugnot wurde wegen Erregung öffentlichen Ärgernisses verhaftet und sein Dampfwagen wurde beschlagnahmt.

Trevithicks Experimente

Richard Trevithick stellte als Erster Dampfwagen auf Schienen. Sein Wissen über Transportmittel erwarb er in den Zinnminen von Cornwall. Als die Stollen tiefer und tiefer gegraben wurden, wurde es immer schwieriger, sie zu entwässern. Trevithick entwickelte dafür eine Dampfpumpe. Seine erste Dampflokomotive baute er 1801. An Heiligabend fuhr sie eine Anzahl Menschen einen steilen Hügel hinauf. 1804 konstruierte er seine erste Eisenbahnlokomotive für eine englische Eisenhütte und 1808 stellte er einen seiner Züge in London vor. Auf dem Eaton Square, einem Platz in einem sehr vornehmen Londoner Viertel, ließ er einen Schienenring legen; die Leute konnten gegen Geld in dem von der Lok gezogenen Wagen mitfahren. Leider stieß die Neuerung auf wenig Interesse. Trevithick kehrte nach Cornwall zurück und arbeitete an anderen Dampfmaschinen, u. a. an einer Dreschmaschine und dem ersten dampfgetriebenen Steinbohrer.

Die erste Dampfeisenbahn

Schon lange bevor man Dampfeisenbahnen baute, gab es Fahrzeuge, die auf Schienen fuhren. Ab dem 16. Jh. wurden die Wagen in den europäischen Bergwerken auf hölzernen Schienen geschoben und gezogen. Rillen in den gepflasterten Straßen der Ruinenstadt Pompeji zeigen, dass schon die Römer einfache, von Pferden gezogene Straßenbahnen hatten und wussten, dass sich Wagen und Last so leichter befördern ließen.

Doch dieses Transportmittel war auf Muskelkraft von Mensch oder Tier angewiesen und wurde nur über kurze Strecken eingesetzt. Obwohl schon den Griechen der Antike die Antriebskraft des Dampfes bekannt war, wurden die ersten Dampfmaschinen erst ab der Mitte des 18. Jh. gebaut. Zunächst trieb Dampf nur stehende Maschinen an. Britische und französische Ingenieure entwickelten die ersten fahrenden Maschinen.

»Fange mich, wer kann«

Einer der Gründe, warum Trevithicks Maschinen besser als ihre Vorgänger waren, lag darin, dass er eine Methode entwickelt hatte, den Dampf unter Hochdruck zu setzen. So entfaltete die Maschine mehr Kraft, ohne deshalb größer zu sein als frühere Modelle. Die Lok, die er in London vorführte, besaß schon diese Neuerung. Ihr Name »Catch me who can« bedeutet: »Fange mich, wer kann.« Die Passagiere tauften sie so, weil sie im Kreis fuhr.

Kohlentransport

Diese Dampflokomotive wurde 1812 von John Blenkinsop konstruiert. Rillen in Schienen und Rädern hielten sie auf den Gleisen. Sie diente dazu, Kohle von einer Zeche in die 5,6 km entfernte Stadt Leeds zu bringen.

Verbesserte Dampflokomotiven

Die ersten Versuche mit fahrenden Dampfmaschinen hatten gezeigt, dass dieser Antrieb Fahrten über Entfernungen und mit Geschwindigkeiten ermöglichte, von denen man bis dahin nur hatte träumen können. Zwei britische Ingenieure, George und Robert Stephenson (Vater und Sohn), entwickelten die bestehenden Maschinen für Auftraggeber aus aller Welt weiter. Innerhalb von Jahrzehnten breiteten sich Gleise und Eisenbahnen über die Kontinente aus und verbanden Städte und Länder. Betrug das weltweite Streckennetz 1850 noch knapp 40 000 km, hatte es sich 30 Jahre später fast verzehnfacht! Anstatt mehrerer Tage dauerten Reisen nur noch Stunden. Bis in die 50er-Jahre des 20. Jh., als Diesel- und elektrische Loks sie ablösten, waren die Dampflokomotiven die wichtigsten Verkehrs- und Transportmaschinen. In einigen Regionen der Welt sind sie noch heute im Einsatz.

Die Wettfahrt von Rainhill
Im Oktober 1829 schrieb die Leitung der Eisenbahn von Liverpool und Manchester einen Wettbewerb aus. Die fünf angemeldeten Züge wurden von Pferden gezogen oder mit Dampf angetrieben. Sieger war die weitgehend von Robert Stephenson (rechts) entworfene »Rocket« (links). Sie erreichte auf einer Strecke von 112 km eine Durchschnittsgeschwindigkeit von 24 km/h.

»Locomotion«

George Stephenson überzeugte die Direktion der Stockton and Darlington Railway, Wagen zu verwenden, die mit Dampf angetrieben wurden. Die erste Lok, die er für sie baute, war die »Locomotion« (rechts). Sie zog 28 mit Kohlen beladene Wagons. Zum ersten Mal wurden vorderes und hinteres Rad der Lok durch eine Stange verbunden, sodass sie sich zusammen drehten.

Immer noch unter Dampf

In mehreren Ländern werden auch heute noch Dampfloks eingesetzt, v. a. in Indien und China. Sie sind einfach zu bedienen, billig im Unterhalt und es würde sehr viel Geld kosten, sie durch Dieselloks oder elektrische Loks zu ersetzen. In Indien arbeiten noch fast 5000 und in China 7000 Dampfloks, mehr als elektrische und Dieselloks zusammen. Ende der 70er-Jahre des 20. Jh. wurden in Simbabwe mehrere alte Dampfloks wieder in Betrieb genommen, weil Kohle weniger kostete als Diesel.

»Best Friend of Charlestown«

Diese erste kommerzielle Dampflok, die in den USA gebaut und eingesetzt wurde, zog an Weihnachten 1830 auf ihrer Jungfernfahrt einen Personenzug über eine Strecke von knapp 10 km; die Schienen waren aus Metall und Holz. Nach mehreren Monaten reibungslosen Betriebs explodierte die Lok. Schuld war der Heizer: Er hatte das Sicherheitsventil verstopft, weil ihn das Maschinengeräusch störte.

Die Stockton and Darlington Railway

Diese Gesellschaft setzte als Erste in England Dampfloks ein. Der Stich links zeigt die Eröffnung der Linie am 27. September 1825. Mit 40 km gelegten Schienen besaß sie eine für damalige Verhältnisse lange Gleisstrecke. In der Region wurde Kohle abgebaut und die Bahn transportierte bald über eine halbe Million Tonnen im Jahr. Aber auch Passagiere wurden befördert, wie das Plakat rechts verkündet. Der erste Personenzug trug den Namen »Experiment« und war ein großer Erfolg.

Im Führerstand

Während der Zugführer den Zug lenkt und die Geschwindigkeit bestimmt, passt der Heizer auf, dass genug Wasser im Kessel ist und dass das Feuer mit der richtigen Menge Brennstoff gespeist wird. Bei zu viel Dampf stoppt das Sicherheitsventil die Maschine, damit der Kessel nicht explodiert; bei zu wenig Dampf bleibt der Zug stehen.

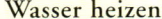

Frühe Entwürfe

Diese Abbildung stammt aus einem 1747 gedruckten Buch über experimentelle Nachweise physikalischer Theorien und zeigt, dass auch 20 Jahre vor Cugnots Dampfwagen einige Menschen über den Einsatz von Dampf zum Antrieb von Fahrzeugen nachdachten. Bei dieser Maschine sollte das Wasser im Kessel aufgeheizt werden, damit der Dampfstrahl das Vehikel anschob. Wirtschaftlicher aber ist es, den Dampf unter Druck zu setzen, damit er viel Kraft entwickelt.

Wasser heizen

In diesem Querschnitt einer Dampflokomotive erkennt man viele Rohre, die in Längsrichtung durch den Kessel laufen. Sie sind von Wasser umgeben. Der heiße Rauch zieht von der Feuerung durch die Rohre und erhitzt das Wasser. So entsteht der Dampf.

Der Weg des Dampfes

Der Dampf sammelt sich im Dampfdom und strömt durch ein Rohr zu den Kolben.

Die Räder drehen sich

Der Kolben gleitet in einem Zylinder hin und her. Dazu wird der Dampf erst in die linke Zylinderseite eingelassen, was den Kolben nach rechts schiebt. Ist er am äußersten Punkt angekommen, schaltet ein Ventil um. Darauf strömt der Dampf in die rechte Zylinderseite und drückt den Kolben nach links. Die Pleuelstange überträgt die Kolbenbewegung auf das Rad.

So funktioniert der Dampfantrieb

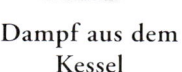

Jahrhunderte vor der Erfindung der Dampfmaschine hatten die Menschen bereits gewusst, dass Dampf als Antrieb genutzt werden kann. Der Grieche Heron von Alexandrien entwarf eine Maschine, die mit Dampf betrieben wurde. Die eigentliche Geschichte der Dampfmaschinen beginnt jedoch 1698 in England mit Thomas Saverys Erfindung des »Miner's Friend«, einer Dampfmaschine, die das Wasser aus den Bergwerkstollen pumpte. Im 18. Jh. entwickelten Thomas Newcomen, James Watt und Matthew Boulton diese Erfindung weiter und Ende des 18. Jh. trieben Dampfmaschinen Mühlen und Pumpen an und wurden in Fabriken eingesetzt. Richard Trevithick setzte das Prinzip des Dampfantriebs auf Wagen um. Die Lokomotiven laufen, indem Wasser erhitzt wird, um Dampf zu erzeugen. Der dabei entstehende Druck bewegt einen Kolben hin und her; Stangen übertragen die Bewegung auf die Räder der Lok.

Dampf aus dem Kessel

Es genügt, einen Behälter mit kochendem Wasser zu beobachten, um das Prinzip der Dampfmaschine zu verstehen. Wenn das Wasser kocht, entsteht Dampf, der sich im Behälter ausdehnt. Da die Menge an Dampf ständig zunimmt, entweicht er unter Druck aus allen Öffnungen.

Newcomens Dampfmaschine

Die von Thomas Newcomen erfundene Dampfmaschine pumpte Wasser aus Stollen. Sie arbeitete, indem man Dampf in einen Zylinder leitete und dann abkühlte. Dabei zog sich der Dampf zusammen und saugte den Kolben in den Zylinder hinein. Über einen Hebelbalken wurde die Pumpenstange gehoben und durch den Pfropfen am Stangenende auch das Wasser im Pumpenrohr.

Die Zahl der Räder

Die verschiedenen Arten von Lokomotiven unterscheidet man anhand der Anordnung ihrer Räder. Die kleinen Räder vorne nennt man Laufräder, die größeren Treibräder sind mit den Kolben verbunden, dahinter kommen die Kuppelräder. Viele amerikanische Loks hatten vier Sätze Laufräder und vier Sätze Treibräder, aber keine Kuppelräder und waren als »4-4-0-Typ« bekannt.

»Tom Thumb«

1830 fand auf einem Streckenabschnitt der Baltimore-Ohio-Line ein Wettrennen zwischen der Dampflok »Tom Thumb« und einem von einem Pferd gezogenen Wagen statt. »Tom Thumb« versagte und das Pferd gewann.

Konflikte mit den Indianern

Viele Leute, die am Bau der amerikanischen Eisenbahn beteiligt waren, glaubten, sie würden die Gleise in unbewohnten Gebieten legen. In Wirklichkeit überquerten die Trassen häufig die Territorien von Indianern, die das Vordringen der Eisenbahn als Bedrohung ansahen und die Züge angriffen.

Eine amerikanische Lokomotive

An diesem Modell kann man einige typische Merkmale nordamerikanischer Dampfloks sehen. Das Schild vorne, der Schienenräumer, diente dazu, große Tiere wie Büffel von den Schienen zu drängen. Da der größte Teil der Strecke ungeschützt war, warnte die große Lampe vorne die Menschen vor dem heranrollenden Zug. Zunächst wurden die Loks hauptsächlich mit Holz befeuert. Ein Drahtnetz im Schornstein fing die glühenden Holzspäne ab.

Der Zusammenschluss

Im Januar 1863 begannen über 10 000 Arbeiter der Central Pacific Railroad damit, von Sacramento aus ostwärts die Schienen zu legen. Im Dezember 1865 machten sich 12 000 Arbeiter in Omaha daran, die Trasse in Richtung Westen zu bauen. Gut drei Jahre später trafen die beiden Schienenstränge in Promontory Point in Utah zusammen. Am 10. Mai 1869 wurde der letzte Nagel – aus Gold – eingeschlagen. Nun konnte man mit der Eisenbahn von der nordamerikanischen Atlantik- zur Pazifikküste fahren.

Amerikanische Eisenbahnen

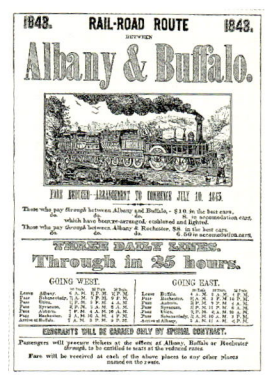

In Europa schufen die Eisenbahnen neue Verbindungen zwischen Städten und Industriezentren. In den USA dagegen wurden die Schienenstränge durch unbesiedelte Gebiete gelegt. An ihnen entstanden Städte, die zunächst nur als Versorgungsstationen gedacht waren. Der Eisenbahnbau spielte bei der Erschließung und Entwicklung weiter Teile des Landes eine große Rolle und ging relativ schnell vonstatten. 1870 betrug die Gesamtlänge des Schienennetzes in den USA ungefähr 84 000 km, im Jahre 1900 waren es schon über 304 000 km. 1916, auf dem Höhepunkt dieser Entwicklung, betrug die gesamte Schienenstrecke 406 400 km.

Ein voller Erfolg

In den Vereinigten Staaten hatten die Eisenbahnen viel Erfolg, weil sie billig, schnell und zuverlässig waren. In den Pionierzeiten verdienten die Gesellschaften an der Beförderung von Passagieren mehr als am Güterverkehr.

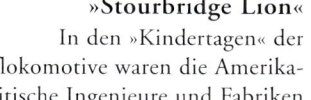

»Stourbridge Lion«

In den »Kindertagen« der Dampflokomotive waren die Amerikaner auf britische Ingenieure und Fabriken angewiesen. Zwischen 1829 und 1841 wurden über 100 Loks aus England in die USA eingeführt. Eine der ersten war der »Stourbridge Lion«, der »Löwe von Stourbridge«, für die Delaware and Hudson Railroad. Diese Lok nahm 1829 die Arbeit auf, erwies sich aber für einen effektiven Betrieb als zu schwer.

»De Witt Clinton«

Im Staat New York wurde die erste Lok am 9. August 1831 in Betrieb genommen. Die Passagiere reisten in und auf den Wagons. Namenspatron war ein 1828 verstorbener Politiker, der Senator, Bürgermeister und Gouverneur von New York gewesen war.

Eisenbahnen in aller Welt

Die Nachricht vom Sieg der »Rocket« beim Wettrennen von Rainhill verbreitete sich über die ganze Welt. Menschen vieler Nationen besichtigten in Großbritannien das aufregende neue Transportmittel und kehrten mit dem Entschluss heim, die Eisenbahn zu Hause einzuführen. Großbritannien beherrschte die Eisenbahnindustrie und deshalb importierten viele Länder ihre ersten Loks und Wagen und stellten britische Ingenieure ein. Dann begannen die Länder, die Maschinen ihren besonderen Anforderungen entsprechend umzubauen oder bauten sie selbst nach. Mitte des 19. Jh. machten Deutschland und die USA den britischen Lokbauern auf dem Weltmarkt Konkurrenz. Die industrielle Revolution hatte diese beiden Länder erst viel später als Großbritannien erreicht, und es gab viel nachzuholen.

Schweizer Berge
Herkömmliche Lokomotiven konnten die Steigungen in den Schweizer Alpen nicht bewältigen. 1871 wurde die erste Zahnradbahn Europas eröffnet: Sie führte von Arth am Zuger See bis Rigi-Staffel; 1875 dann bis zum Gipfel der Rigi.

»Crampton«
In Frankreich wurde die erste öffentliche Eisenbahnlinie 1837 gegründet. Sie verband Paris mit St. Germain. Ab den 50er-Jahren des 19. Jh. setzten die Franzosen die britische »Crampton«-Lok ein. Auf dem hier abgebildeten Stich ist sie im Schnee stecken geblieben. In Europa und vor allem Frankreich war sie ausgesprochen beliebt.

Deutsche Eisenbahnen
Zu Beginn des 19. Jh. bestand Deutschland noch aus einer Reihe kleiner Staaten. Oben abgebildet ist der erste Zug, der in Sachsen fuhr. Ab 1835 verkehrte als erster Zug innerhalb deutschen Territoriums der in Großbritannien gebaute »Adler« zwischen Nürnberg und Fürth. Neben der Dampflok gab es aber aus Kostengründen weiterhin (bis 1862) Pferdebahnen auf dieser Strecke.

Die indische Eisenbahn

Da Indien bis 1947 unter britischer Herrschaft stand, stammten viele Schienen, Loks und Wagons aus Großbritannien. Die erste Linie verband Bombay mit Thana (40 km) und wurde am 18. April 1853 eingeweiht.

Indien nach 1947

Nach Erlangung der Unabhängigkeit verstaatlichte die indische Regierung die Eisenbahngesellschaften. Die Züge wurden besser an die örtlichen Anforderungen angepasst. Ähnlich wie in der Pionierzeit der USA war die Lok mit Schienenräumer und starker Lampe ausgerüstet.

Die Erschließung Afrikas

Auf einer Konferenz in Berlin 1884/85 teilten die europäischen Mächte den afrikanischen Kontinent unter sich auf und jede entwickelte ihr eigenes Eisenbahnnetz. Als die afrikanischen Staaten unabhängig wurden, existierten auf dem Kontinent zwölf verschiedene Spurweiten. Links eine »Beyer-Garratt«-Lok der Nigerian Railways. In Nigeria fuhr der erste Zug 1901.

Dampfmaschinen in Japan

Am 12. Juni 1872 fuhr der erste Zug von Yokohama nach Singawa; im Oktober 1872 reichten die Schienen schon bis Tokio. Zwischen 1880 und 1890 wuchs die Schienenstrecke von etwa 160 auf knapp 2400 km an. 1992 betrug die Gesamtstrecke über 23 000 km.

Chinesische Eisenbahnen

Der Stich rechts zeigt die erste Eisenbahn in China. Sie wurde 1876 eingeweiht und verkehrte zwischen Shanghai und Wuzong (32 km). Das Streckennetz in China wurde erst 1949, nach der Revolution, effektiv ausgebaut.

Der Bau von Eisenbahnlinien

Der Bau einer Eisenbahnlinie wirft nicht nur das Problem auf, die kürzeste Verbindung zwischen zwei Punkten zu finden. Wie die Schweizer Eisenbahnbauer feststellen mussten, können normale Züge keine steilen Hänge erklimmen. Deshalb mussten sie beim Gleisbau den Berg umgehen, was Geld sparte, aber Zeit kostete, oder durch den Berg einen Tunnel graben, was Zeit sparte, aber Geld kostete. Der erste Tunnel entstand 1826 auf der Linie Manchester–Liverpool; er war etwa 1,6 km lang. Der längste Eisenbahntunnel der Welt ist der Seikan-Tunnel in Japan mit 53 km. Über Flüsse und Täler mussten Brücken gebaut werden. Die erste Bahnbrücke wurde 1824 auf der Linie Stockton–Darlington errichtet. Die zurzeit längste Brücke ist die Huey P. Long Bridge in New Orleans mit etwa 7 km. Es ist wichtig, die Arbeit bedeutender Eisenbahningenieure wie etwa die von Isambard Kingdom Brunel zu würdigen, aber man darf auch nicht die zahllosen Arbeiter vergessen, die – oft unter Einsatz ihres Lebens – den Ausbau der Linien möglich machten.

Isambard Kingdom Brunel

Einer der bedeutendsten Eisenbahningenieure des 19. Jh. war Isambard Kingdom Brunel. Gemeinsam mit seinem Vater baute er den ersten erfolgreichen Tunnel unter der Themse in London. 1833 kam er zur Great Western Railway und beaufsichtigte die Verlegung der Schienen zwischen London und Bristol. Danach baute er mehrere Gleisstrecken in England und Wales sowie zwei Eisenbahnbrücken in Saltash und Chepstow.

Sprengungen

Als die ersten Eisenbahnstrecken durch felsiges Gebiet verlegt wurden, mussten die Arbeiter den Weg mühsam mit Hacken und Schaufeln bahnen. Alfred Nobels Erfindung von 1867 stellte für sie eine große Arbeitserleichterung dar. Nitroglyzerin ist eine instabile, hoch explosive Flüssigkeit. Nobel entschärfte die Gefahr, indem er Nitroglyzerin mit Kieselerde mischte. Er nannte diesen Sprengstoff »Dynamit«.

Gastarbeiter

Der Gleisbau ist sehr arbeitsintensiv und die Gesellschaften stellten häufig auch Gastarbeiter ein. In den 50er-Jahren des 19. Jh. kamen viele Chinesen nach Kalifornien und arbeiteten dort als ungelernte Kräfte. An der Verlegung der Schienen über die Rocky Mountains waren schätzungsweise 10 000 Chinesen beteiligt.

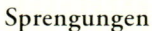

Über den Fluss

Weil die Schienen über alle Arten von Gelände führten, musste man verschiedene Arten von Brücken bauen. Sollte der Zug ein breites Tal überqueren, war eine einfache Balken- oder Bogenbrücke ungeeignet. Die Forth Railway Bridge, die Edinburgh und Dundee miteinander verbindet (rechts), wurde 1890 von König Eduard VII. eingeweiht und ist eine der ersten Auslegerbrücken. Auslegerbrücken bestehen aus röhrenförmigen Stahltürmen, die durch Drahtseile und Träger miteinander verbunden sind.

Geld für die Eisenbahn

Der Bau der Eisenbahnen wurde häufig von den Regierungen finanziert, die ihre Bedeutung für die Wirtschaft des Landes erkannten. Das Geld brachten sie durch den Verkauf von Anteilscheinen auf. Wer einen Anteilschein kaufte, wurde zum Miteigentümer und an der Gewinnausschüttung beteiligt. Die Regierungen mussten auch dafür sorgen, dass genügend Land zur Verfügung stand. Heute sind viele Eisenbahngesellschaften Staatseigentum oder werden vom Staat subventioniert.

Handwerkszeug

Diese Karikatur aus der englischen Satirezeitschrift »Punch« zeigt die vielen Werkzeuge eines Eisenbahnarbeiters. Außer Hacke und Schaufel trägt er eine Schütte für den Transport von Ziegeln und eine kleine Schubkarre für die Felsbrocken. In England wurden einige der Arbeiter, die im Kanalbau tätig waren, später beim Bau der Eisenbahnen beschäftigt. Unter ihnen waren viele Iren. Britische Bahnarbeiter wurden auch 1854 im Krimkrieg eingesetzt, wo sie eine kleine Bahnstrecke und Schützengräben anlegten.

Pullmanwagen

Ein amerikanischer Fabrikant namens George Pullman musste 1859 eine sehr unbequeme Bahnfahrt durchstehen. Deshalb entwarf er einen Eisenbahnwagen, in dem die Leute mit größerer Behaglichkeit schlafen und essen konnten als an Bord eines Dampfschiffes erster Klasse. 1863 baute er den ersten modernen Schlafwagen, den »Pioneer«, 1868 den ersten Speisewagen.

Frühe Personenzüge

Wie diese Abbildung zeigt, waren die ersten Wagons umgebaute Kutschen. Die Passagiere auf dem Dach hatten unter dem Rauch der Lok zu leiden.

Bequem schlafen

Ab 1873 verkaufte Pullman seine Schlafwagen nach England. Sie waren wegen ihrer luxuriösen Abteile bald bekannt und sehr beliebt. Auf dem europäischen Kontinent hatte er weniger Erfolg, weil der Belgier George Nagelmackers die Wagen nachbaute. 1876 gründete er die »Compagnie Internationale des Wagons Lits« (Internationale Schlafwagen-Gesellschaft). Sein berühmtester Zug sollte der Orient-Express werden.

Moderner Luxus

Um sich gegen die Konkurrenz von Fluglinien und privaten Pkws zu behaupten, bieten die modernen Züge immer mehr Komfort. Dieser Wagen hat eine eingebaute Kinoleinwand. Heizung und Klimaanlage sorgen für eine angenehme Reise – gleichgültig, welches Wetter draußen gerade herrscht.

Könige auf Reisen

Viele Monarchen hatten ihre eigenen Wagons. Die englische Königin Viktoria besaß einen üppig ausgestatteten Wagen. Angeblich soll sie sich in ihrem Schlafwagen wohler gefühlt haben als in ihren Schlössern.

Komfortables Reisen

Die ersten Eisenbahnen transportierten Waren über kurze Entfernungen. Ihre Betreiber merkten aber bald, dass sie viel Geld verdienen konnten, wenn sie auch Personen beförderten. Später stellten sie fest, dass größerer Komfort mehr Leute dazu veranlassen würde, mit der Bahn zu reisen. Besonders in den USA, in denen die Entfernungen groß sind und in den Zügen daher häufig übernachtet wird, war Komfort sehr wichtig. Unterschiedlich bequeme Abteile wurden zu verschiedenen Preisen angeboten. Die teuersten Plätze waren in

»Orient-Express«
Vielen gilt er als der Inbegriff der Luxuszüge. Seine erste Fahrt begann am 4. Oktober 1883 und führte von Paris nach Konstantinopel, dem heutigen Istanbul. Nach 1919 führte seine Route auch über Italien. Seine letzte Reise machte er im Mai 1977. Seine vorläufig letzte Reise ... Unter dem Namen »Nostalgie Istanbul Orient Express« fährt dieser legendäre Zug inzwischen wieder auf mehreren Routen – seit 1997 auch in Deutschland.

der ersten Klasse. In der zweiten Klasse hatten die Fahrgäste etwas weniger Raum und der Komfort war geringer. Diese beiden Klassen gibt es heute noch; die dritte Klasse, deren Wagen schlimmstenfalls weder Dächer hatten noch Sitzgelegenheiten boten, wurde abgeschafft. Anfangs waren die Abteile aller drei Klassen noch nicht beheizt und man musste sich, wie bei der Postkutsche, warm anziehen. Später erhielten die Wagen dann durchgehend Dampfheizungen.

Liegewagen
Die Canadian Pacific Railway bot auch weniger betuchten Reisenden Schlafmöglichkeiten im Zug. Sie waren aber bei weitem nicht so komfortabel wie die von Pullman.

Verschiedene Klassen
Der Stich aus dem Jahre 1845 trägt den Titel »Unterwegs zum Pferderennen« und zeigt anschaulich die unterschiedlichen Niveaus von Komfort, die die Bahn ihren Kunden damals bot. Während geräumige Abteile die Passagiere der ersten Klasse erwarten, geht es in der zweiten Klasse entschieden beengter zu, während die Fahrgäste in der dritten Klasse auf Dinge verzichten, die uns bei Bahnreisen unentbehrlich erscheinen: Sitze und ein Dach über dem Kopf.

Bahnhöfe und Stellwerke

Früher wie heute brauchen Passagiere vor Wind und Wetter geschützte Plätze, an denen sie auf den Zug warten können, sowie erhöhte Bahnsteige zum bequemen Einsteigen. In Nürnberg wurde 1835 der erste Bahnhof der Welt gebaut: eine erhöhte Plattform, über der ein Unterstand aus Holz errichtet wurde. Der erste größere Bahnhof war dann die Euston Station in London, die Ende der 30er-Jahre des 19. Jh. entstand. Im weiteren Verlauf des 19. Jh. wurden die Bahnhöfe größer und schöner. Modern waren Konstruktionen aus Stahl und Glas, die von den bekanntesten Architekten und Ingenieuren der Epoche gebaut wurden. Die größten Gebäude wurden zu Recht »Tempel des Dampfes« genannt. Als die Strecken länger und, ebenso wie die Bahnhöfe, zahlreicher wurden, wurde es notwendig, die Fahrpläne aufeinander abzustimmen, damit die Züge nicht zusammenstießen. Die Eisenbahngesellschaften entwickelten verschiedene Methoden, um Züge und Passagiere vor Unfällen zu schützen. Zunächst wurden Weichen und Signale über Seilzüge gestellt. Die mechanischen Signale sind mittlerweile Leuchtzeichen gewichen, und Weichen haben einen elektrischen Antrieb bekommen.

Signalanlagen

Eines der ältesten Verfahren, den Zugführern Mitteilungen zu machen, besteht in der Verwendung von Signalen, die ähnlich wie Ampeln funktionieren. Die oberen Signalarme zeigen an, ob ein fahrender Zug halten soll oder nicht, die unteren weisen auf die folgenden Signalanlagen hin. Das Signal auf dem Foto oben weist den Zugführer an, vorsichtig weiterzufahren.

Fahrscheine

In den 40er-Jahren des 19. Jh. gab es die ersten Fahrkarten. Es waren Kupferscheiben, auf denen der Zielort des Passagiers eingraviert war. Erst später hatte man Fahrscheine aus Papier, auf denen mehr Informationen vermerkt waren.

Neue Bahnhöfe

Obwohl die Bedeutung der Eisenbahn durch die zunehmende Beliebtheit von Autos und Flugzeugen als Verkehrsmittel abnahm, werden auch heute noch großartige Bahnhöfe gebaut. Auf dem Foto ist der Bahnhof D'Herouville in Lyon (Frankreich) zu sehen. Schöne Bahnhöfe sollen das Zugfahren wieder beliebter und Innenstädte attraktiver machen. Sie gelten auch heute noch als Symbol der Bedeutung einer Stadt.

Grand Central Terminal

Der Hauptbahnhof von New York wurde von Whitney Warren entworfen und von 1907 bis 1913 errichtet. Der Bau kostete 43 Millionen Dollar; zu dieser Zeit eine ungewöhnlich hohe Summe für ein öffentliches Gebäude. Ein »Tempel des Dampfes« war der Bahnhof trotzdem nicht: Er wurde nur von elektrischen Loks angefahren.

In Kontakt bleiben

Es war wichtig, dass die Stellwerke einander vor auftretenden Problemen warnten. Ab 1839 wurde erstmals der von Cooke und Wheatstone zwei Jahre zuvor erfundene Telegraf eingesetzt, um in Paddington (London) mit West Drayton in 21 km Entfernung Kontakt aufnehmen zu können.

Mechanisches Stellwerk

Die Eisenbahnstrecken wurden in »Blöcke« unterteilt und jeder dieser Abschnitte wurde über ein Stellwerk kontrolliert. Die Hebel im Häuschen (siehe oberes Stockwerk) bewegten die Signalarme und die Weichen über Seilzüge, die mit diesen verbunden waren (siehe unteres Stockwerk).

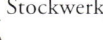

Modernes Stellwerk

Heute werden Signale und Weichen von Computern gesteuert. Die Monitore zeigen alle Weichen, Signale und die Positionen der Züge im betreffenden Abschnitt an. Das reibungslose Zusammenspiel wird elektronisch überwacht.

Güterverkehr und Post

Lange vor der Erfindung der Dampflok wurden auch mehrere Güterwagen hintereinander von Pferden gezogen – allerdings nur über relativ kurze Entfernungen. Die Dampfloks machten es möglich, mehr als zwei oder drei Wagons zu ziehen. Mit der Ausbreitung der Eisenbahnen entdeckte man, dass man die Güter nun weiter über Land transportieren konnte – so wie es bisher nur über Flüsse und Meere möglich gewesen war. Bald beförderten die Züge nicht nur Rohstoffe wie Kohle, sondern auch fertige Produkte. Während der Frachtverkehr auf der Schiene in Europa und Amerika keine große Rolle spielt, sind die Güterzüge in Asien heute noch sehr wichtig. 1970 lag im deutschen Fernverkehr die Gütertransportleistung der Bahn noch über der des Lkws. Heutzutage dominiert der Kraftfahrzeugverkehr. Von Bedeutung war die Bahn bei uns auch für die Post. Der erste Postzug verkehrte 1855 zwischen London und Bristol. Davor gab es nur Postkutschen, die langsam und unzuverlässig waren.

Güterzug

Seit den 30er-Jahren des 20. Jh. waren Lokomotiven, die mit Diesel oder mit Diesel und Strom betrieben wurden, leistungsfähiger als Dampfloks. Moderne Loks ziehen eine große Anzahl von Güterwagons. Viele Regierungen zeigen sich heutzutage über den Zuwachs des Güterverkehrs auf den Straßen besorgt, der Staus und verstärkte Luftverschmutzung verursacht, und versuchen Firmen dazu anzuregen, ihre Warentransporte auf die Schiene zu verlegen.

Noch unter Dampf

In vielen Teilen der Welt ist die Dampflok das wichtigste »Zugtier« für Gütertransporte geblieben, besonders in sehr großen Ländern wie China, wo dieses Foto entstand. Hinter der Lokomotive kann man schlichte Flachwagen erkennen, die einfachste Art von Güterwagons. Weitere Typen von Güterwagen sind Kesselwagen für Flüssigkeiten und gedeckte Güterwagen, in denen das Transportgut vor Wind und Regen geschützt ist.

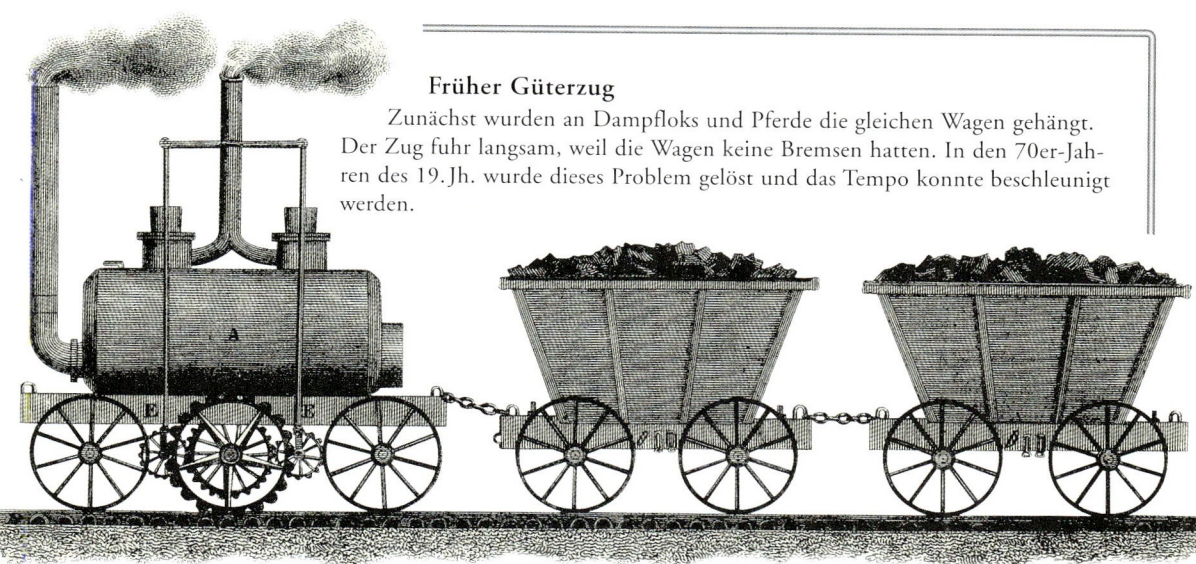

Früher Güterzug

Zunächst wurden an Dampfloks und Pferde die gleichen Wagen gehängt. Der Zug fuhr langsam, weil die Wagen keine Bremsen hatten. In den 70er-Jahren des 19. Jh. wurde dieses Problem gelöst und das Tempo konnte beschleunigt werden.

Überreste der Vergangenheit

Die ersten Eisenbahnlinien in Asien wurden von den Europäern entsprechend ihren Interessen angelegt. Ihnen waren die Güterzüge wichtiger als die Personenzüge. Wie das Foto zeigt, sind in Indien noch Züge aus dem 19. und frühen 20. Jh. unterwegs.

Post sortieren

Die eingesammelte Post wurde in einem eigenen Wagen in Fächer einsortiert. Die sortierten Briefe kamen in einen Postsack, der seitlich an den Zug gehängt wurde und von einem Netz am Bahnsteig aufgefangen wurde. Dort holte der Briefträger die Post ab und verteilte sie.

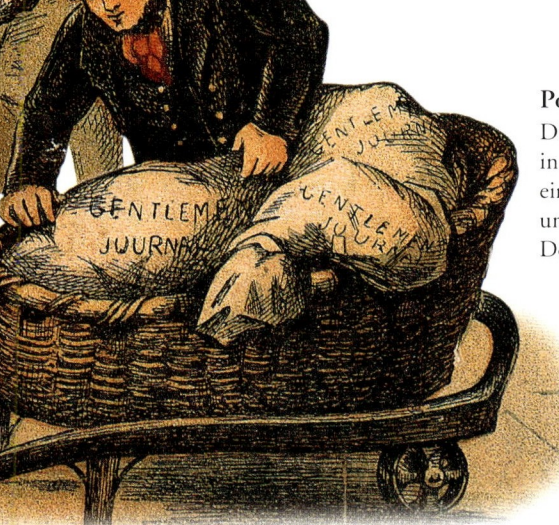

Post mitnehmen

Die Züge konnten Postsendungen auch mitnehmen, ohne zu halten. Die vollen Postsäcke wurden an Haken gehängt (siehe Abbildung rechts) und wiederum von Netzen an der Seite des Zugs aufgefangen.

Elektrische Züge

Ähnlich wie beim Dampf war auch die Kraft der Elektrizität lange bekannt, bevor ein praktischer Verwendungszweck für sie gefunden wurde. Der Italiener Alessandro Volta erfand 1800 die Batterie, die eine gleichmäßige Stromversorgung gewährleistete. 1819 entdeckte der Däne Christian Oersted die Beziehung zwischen Elektrizität und Magnetismus. Zwei Jahre später baute der Engländer Michael Faraday den ersten Elektromotor. Elektrische Motoren arbeiten mit Magneten. Der elektrische Strom erzeugt auch ein Magnetfeld, das den Magneten im Motor in Drehbewegung versetzt. Den ersten elektrischen Zug führte Thomas Davenport 1835 in den USA vor. 1842 verkehrte ein elektrischer Zug zwischen Edinburgh und Glasgow in Schottland. Seine Höchstgeschwindigkeit betrug nur 6,4 km/h und es sollte noch 37 Jahre dauern, bis leistungsstarke Elektroloks gebaut wurden.

Werner von Siemens

Der Erfinder des ersten einsatzfähigen elektrischen Zugs stammte aus einer Familie, die viele Ingenieure und Erfinder hervorgebracht hat. Seine Lokomotive wurde 1879 bei der Berliner Gewerbeausstellung gezeigt. Sie lief auf einem Gleisoval von etwa 270 m Länge und erreichte 13 km/h. 1881 fuhr in Berlin die erste elektrische Straßenbahn.

Elektrische Strandbahn

Diese eigenartige Bahn fuhr Anfang des 20. Jh. auf einem knapp 5 km langen Gleis an der englischen Küste zwischen Brighton und Rottingdean. Ihr Erbauer war Magnus Volk, der auch den ersten elektrischen Zug Großbritanniens konstruierte, der am 4. August 1883 im Seebad Brighton in Betrieb genommen wurde.

Elektroloks in Amerika

Die erste elektrische Eisenbahn der USA fuhr 1895. Im gleichen Jahr setzte ein Zubringerdienst in New York über eine Strecke von 11 km Elektrozüge ein. Das Foto zeigt die erste Elektrolok für Güterzüge. Sie wurde am 4. August 1895 von der Baltimore and Ohio Railroad auf einer etwa 6,5 km langen Strecke in Betrieb genommen. Da die Hälfte der Strecke durch Tunnel führte, wäre eine Dampflok ungeeignet gewesen.

In der Stadt

Die ersten Straßenbahnen wurden noch von Pferden gezogen. Wegen des Rauchs und des Lärms setzte man Dampfloks nie in der Stadt ein. Elektrisch betriebene Bahnen sind für Städte besser geeignet. Aus Sicherheitsgründen werden die Kabel in einer gewissen Höhe als Oberleitung geführt und die Lok hat, wie dieses japanische Modell, einen Stromabnehmer. Elektrische Bahnen gehören in den Städten unserer Tage zu den wichtigsten Verkehrsmitteln.

Der TGV

Einer der schnellsten Züge der Welt fährt mit elektrischem Strom. Der TGV (Train à Grande Vitesse, d. h. Hochgeschwindigkeitszug) fuhr 1981 zuerst zwischen Paris und Lyon. 1988 erreichte er bereits Geschwindigkeiten von über 320 km/h.

Stromübertragung

Die Abbildung einer Siemens Elektrolok bei der Pariser Weltausstellung 1881 zeigt, wie manche E-Loks den Strom aus der Leitung bezogen. Am Dach der Lok war ein Stromabnehmer, der den Kontakt zu den an Masten angebrachten Leitungen herstellte. Andere Typen von E-Loks nahmen den Strom von einer dritten Schiene auf, die parallel zum Gleis verlief.

So funktioniert ein Dieselmotor

Beim Dieselmotor wird der Zylinder mit Luft gefüllt, wenn der Kolben seinen äußersten Punkt erreicht. Wenn der Motor läuft, wird durch den Schwung der rotierenden Teile der Kolben nach innen geschoben und die Luft im Zylinder zusammengedrückt. Dabei erhitzt sie sich auf ungefähr 600 °C. Nachdem der Kolben den innersten Punkt überschritten hat, wird Schweröl in den Zylinder eingespritzt. Es verbrennt in der heißen Luft. Dadurch erhöht sich der Druck im Zylinder und der Kolben wird heftig nach außen gedrückt. Man regelt die Leistung der Maschine über die Kraftstoffmenge, die in den Zylinder eingespritzt wird.

»Deltic«

Eine der erfolgreichsten britischen dieselelektrischen Loks war die »Deltic«. Der Prototyp wurde in den späten 40er-Jahren des 20. Jh. gebaut. 1955 begann man mit der eigentlichen Produktion; im Laufe von sechs Jahren wurden 22 Loks hergestellt. Sie ersetzten die Dampfloks auf der Strecke London–Edinburgh und erreichten Geschwindigkeiten von über 250 km/h. Jede von ihnen legte insgesamt über 3 Millionen Kilometer zurück.

Rudolf Diesel

Es ist umstritten, wer tatsächlich den Dieselmotor erfand. Manche behaupten, Herbert Stuart Akroyd hätte 1890 den ersten Dieselmotor gebaut. Die meisten schreiben die Erfindung jedoch dem Ingenieur Rudolf Diesel zu. Zwischen 1880 und 1890 suchte er nach einem Ersatz für die Dampfmaschine. Seinen Dieselmotor stellte er zuerst 1893 vor, einen zuverlässigen Motor konnte er aber erst 1897 vorführen.

Diesellokomotiven

Die dritte wichtige Energiequelle für Züge ist Diesel. Eine Diesellok besitzt einen Verbrennungsmotor, der einem Benzinmotor ähnlich ist. Dieselloks wurden 1912 zunächst versuchsweise von der North British Locomotive Company eingesetzt. Ihren ersten regelmäßigen Einsatz erlebten sie 1913 in Schweden. In Nordamerika werden sie seit 1923 im allgemeinen Bahnverkehr verwendet, in Großbritannien seit 1931. Inzwischen beherrschen E-Loks und Dieselloks die Eisenbahnen der Welt. Dieselmotoren treiben entweder direkt die Räder an oder einen Generator, der dann einen Elektromotor speist. Diesen Typ nennt man dieselelektrische Lokomotive.

Hochgeschwindigkeitszüge

1957 schufen die Mitglieder der Europäischen Gemeinschaft ein internationales Netz schneller und zuverlässiger Züge. Der TEE (Trans Europa Express) sollte den Fluglinien Konkurrenz machen. Zielgruppe waren Geschäftsleute; deshalb gab es nur Wagen der ersten Klasse. Diese Züge wurden von Dieselloks gezogen.

Diesel überall

Weil die Anschaffung und der Betrieb von Dieselloks relativ wenig kostet, haben sie sowohl in Entwicklungs- wie auch in Industrieländern die Dampfloks ersetzt. Die US-Eisenbahngesellschaft Amtrak unterhält über 39 000 km Gleisstrecke, von denen nur 550 km elektrifiziert sind. Von den 318 Loks, die 1994 auf diesen Gleisen verkehrten, waren 65 E-Loks und 253 Dieselloks.

Dampfersatz

In vielen Gegenden der Welt konnten Dampfloks nicht durch E-Loks ersetzt werden, weil die Linien nicht häufig genug benutzt werden und weil es zu umständlich und zu teuer ist, die Strecke zu elektrifizieren. In solchen Fällen greift man gerne auf Diesel zurück.

Berühmte Strecken

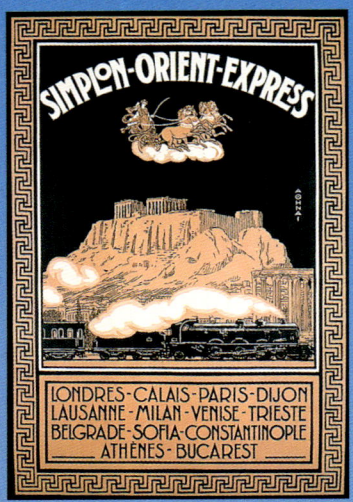

Dank des Eisenbahnbaus wurden viele abgelegene und schwer zugängliche Regionen der Erde plötzlich erreichbar. Die Fortschritte im Eisenbahnbau meisterten schließlich alle Probleme, die Klima und Boden stellten. Wüsten, Wälder und Berge hörten eines Tages auf, Verkehrshindernisse darzustellen, und Bahnreisen durch diese Gebiete wurden zu faszinierenden Abenteuern.

»Orient-Express«

Für viele ist der »Orient-Express« der luxuriöseste Zug der Welt (siehe hier Seite 15). Er ist der Schauplatz vieler spannender Geschichten, wie Agatha Christies »Mord im Orient-Express«. Aber auch in Wirklichkeit ereigneten sich in diesem Zug romantische Geschichten, z.B. als sich der Millionär Sir Basil Zaharoff auf der Fahrt nach Istanbul in eine spanische Herzogin verliebte.

»Shinkansen-Express«

Das Foto zeigt den japanischen Hochgeschwindigkeitszug Shinkansen vor dem Fuji, einem untätigen Vulkan. Die Linie zwischen Tokio und Osaka wurde 1964 eingeweiht und die Züge reisen mit einer Geschwindigkeit von ca. 260 km/h.

Im Zug durch Afrika

Der Blue Train verbindet Kapstadt in Südafrika mit den Viktoriafällen an der Grenze zwischen Simbabwe und Sambia. Die ersten Luxuszüge verkehrten 1939 zwischen Pretoria und Kapstadt. Erst nach dem Ende der Apartheid konnte der Zug durch Simbabwe ins Herz des Kontinents weiterfahren. Auf seiner Fahrt kommt er am Tafelberg vorbei, an Kimberley, dem Zentrum des Diamantenabbaus, am Hwange Nationalpark, am Fluss Sambesi und an den Viktoriafällen. Es ist eine der schönsten Eisenbahnstrecken der Welt.

Durch Tundra und Taiga

Die Transsibirische Eisenbahn fährt von Moskau im Westen nach Wladiwostock im Osten. Die Strecke ist etwa 9600 km lang und die Reise dauert durchschnittlich acht Tage.

Über die Rocky Mountains

Der erste Zug, der quer durch ganz Kanada fuhr, startete am 28. Juni 1886 in Montreal und erreichte eine Woche später Port Moody. Später wurde die Strecke bis Vancouver erweitert. 1915 baute man nördlich der ersten eine weitere transkontinentale Linie. Teil dieser zweiten Strecke ist die Quebec Bridge, die über 1000 m lang ist.

»Hiawatha«

Die erste Lok, die so konstruiert war, dass sie schneller als 160 km/h fahren kann, war die »Hiawatha«. Sie wurde 1935 zwischen Chicago und Minneapolis/St. Paul eingesetzt und hatte auf der 660 km langen Fahrt eine Durchschnittsgeschwindigkeit von 128 km/h. Für Behauptungen, dass es auch schon vorher ebenso schnelle Loks gab, gibt es keine überzeugenden Beweise.

»Flying Scotsman«

Der »Fliegende Schotte« ist die wohl bekannteste britische Lok (siehe Seite 4). Sie wurde 1923 von Sir Nigel Gresley für die London and North Eastern Railway konstruiert. Nach 60 Dienstjahren wurde sie 1963 aus dem Verkehr genommen. 1988 bis 1989 machte die Lok eine Rundreise durch Australien und stellte wieder einen Rekord für Dampfloks auf: 675 km Strecke ohne Aufenthalt.

»Rocket«

Die erste einsetzbare Dampflok war die »Rocket« (»Rakete«), die Robert Stephenson 1829 gebaut hatte. Durch ihren Sieg bei dem Wettrennen in Rainhill (siehe Seite 4) bewies sie, dass Dampfloks den Zugpferden überlegen sind. Bis Ende 1830 war sie auf der Linie der Liverpool and Manchester Railway im Einsatz.

»Evening Star«

Der »Evening Star« (»Abendstern«) war 1959 die letzte Dampflok, die in Großbritannien gebaut wurde. Sie war dazu bestimmt, Güterzüge zu ziehen, wurde aber auch für Personenzüge eingesetzt. 1966 nahm man die Lok aus dem Betrieb, zwei Jahre später folgten alle anderen Dampfloks im britischen Zugverkehr.

Die Stars unter den Dampfloks

Obwohl die Dampfloks fast überall auf der Welt von Elektroloks und Dieselmotoren verdrängt wurden, haben sie auch heute noch viele Freunde. Sie scheinen als Symbol der immensen Zugkraft wesentlich besser geeignet zu sein als die modernen Zugmaschinen. Dampfloks stehen auch für eine Zeit mit einem ausgeprägten Sinn für Stil und Eleganz. Es ist bezeichnend, dass viele Bücher und Filme, die wie Agatha Christies »Mord im Orient-Express« in Zügen spielen, die Epoche der Dampfloks heraufbeschwören. Viele berühmte Lokomotiven haben als Ausstellungsstücke überlebt. Sie gehören Vereinen von Eisenbahnfreunden oder wurden in Verkehrsmuseen gebracht, wo sie auch heute noch besichtigt werden können.

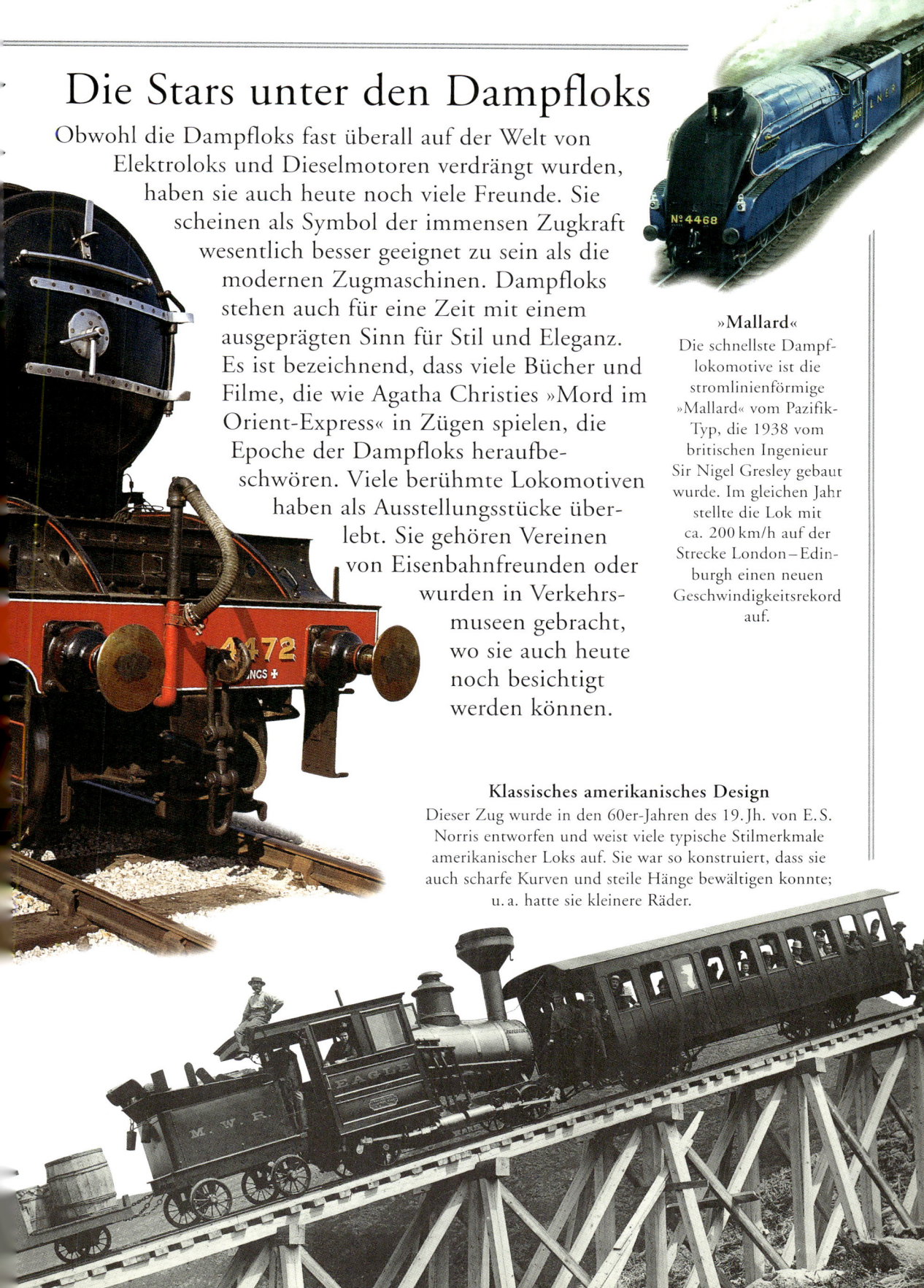

»Mallard«
Die schnellste Dampflokomotive ist die stromlinienförmige »Mallard« vom Pazifik-Typ, die 1938 vom britischen Ingenieur Sir Nigel Gresley gebaut wurde. Im gleichen Jahr stellte die Lok mit ca. 200 km/h auf der Strecke London – Edinburgh einen neuen Geschwindigkeitsrekord auf.

Klassisches amerikanisches Design
Dieser Zug wurde in den 60er-Jahren des 19. Jh. von E. S. Norris entworfen und weist viele typische Stilmerkmale amerikanischer Loks auf. Sie war so konstruiert, dass sie auch scharfe Kurven und steile Hänge bewältigen konnte; u. a. hatte sie kleinere Räder.

Die Moskauer U-Bahn

Die Untergrundbahn von Moskau ist eine der elegantesten der Welt, aber sie forderte einen hohen Preis. Mit dem Bau wurde in den frühen 30er-Jahren des 20. Jh. unter Stalin begonnen, eröffnet wurde sie 1935. Viele der Arbeiter waren Sträflinge. Die Arbeit war hart und es wird angenommen, dass viele Menschen bei den Bauarbeiten umkamen.

Verrauchte Tunnels

Dieses Bild aus dem Jahre 1863 ist eine frühe Abbildung der Londoner U-Bahn. Sie zeigt einen rauchfreien Tunnel. Da die Züge jedoch anfangs von Dampfloks gezogen wurden, waren Reisen mit der U-Bahn nicht sehr angenehm. Der Missstand konnte teilweise durch Belüftungsschächte und durch eine Vorrichtung behoben werden, die den Rauch der Lok in den Wasserkessel sog; aber erst der Einsatz von elektrischen Loks gegen Ende des 19. Jh. brachte eine wesentliche Verbesserung.

U-Bahn-Bau

Dieser Stich aus dem Jahre 1868 zeigt, wie die Londoner U-Bahn gebaut wurde. Das System wurde »schneiden und zudecken« genannt. Erst wurde eine Grube gegraben, dann wurden die Ziegelgewölbe des Tunnels errichtet. Über den Tunnel wurde wieder Erde geschüttet.

Verwirrende Pläne

Die ersten Pläne der Londoner U-Bahn waren schwer zu verstehen. In den 30er-Jahren des 20. Jh. entwarf ein Ingenieur namens Harry Beck einen neuen Plan, auf dem die Stationen durch gerade Linien verbunden waren und das Zentrum größer als das Umland dargestellt war.

Ein stolzer Londoner zu Freunden, die vom Land kommen: »Ihr seht, es ist ganz einfach!«

Reisen unter der Erde

Die Dampflok ermöglichte den Menschen, weiter von den Zentren der Städte entfernt zu wohnen, in denen sie arbeiteten. Die Vororte verdanken ihre Entstehung deshalb der Eisenbahn. Die Vergrößerung der Städte schuf jedoch wieder Probleme, weil die Straßen für das verstärkte Verkehrsaufkommen schon bald nicht mehr genügten. Die ideale Lösung wurde 1863 in London gefunden, indem man die erste U-Bahn der Welt baute. Sie verkehrte zwischen Paddington und der Farringdon Street auf einer Strecke von etwa 6,5 km Länge. Der Erfolg der Londoner U-Bahn bewog andere Städte, dem Beispiel zu folgen. Die ständige Zunahme an Privatfahrzeugen verursacht heute schwere Umweltprobleme und die Städte sind deshalb bemüht, ihre unterirdischen Transportsysteme weiter auszubauen.

Platznot

Die U-Bahn in Tokio wurde 1927 eingeweiht und ist weltweit vor allem für ihre überfüllten Züge bekannt. Zu den Stoßzeiten müssen Angestellte die Passagiere in die Wagen schieben, damit so viele wie möglich mitfahren können.

U-Bahnen in den USA

Rechts ein U-Bahn-Wagen in New York. Die New Yorker U-Bahn ist mit ihrer über 380 km langen Gleisstrecke die größte der USA, aber nicht die älteste, denn sie wurde erst 1904 eröffnet. Die erste U-Bahn, die in den Vereinigten Staaten gebaut wurde, ist die von Boston (1897).

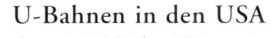

Die Pariser Métro

Die Pariser nennen ihre U-Bahn Métro. Es gibt sie seit 1900. Die Stationen im Stadtzentrum liegen nahe beieinander und sind leicht erkennbar. Die bemerkenswerten Eingänge wurden von Hector Guimard entworfen, einem zu seiner Zeit sehr bekannten Architekten, der im Stil des Art nouveau Glas und Gusseisen einsetzte.

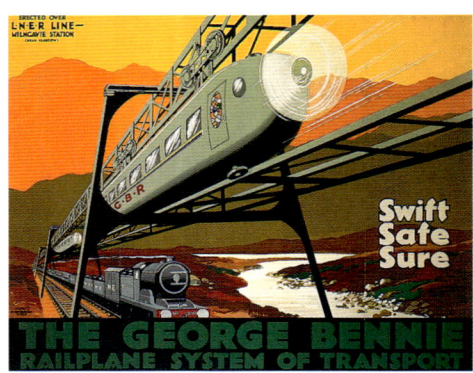

Die Zukunft

Von den 50er-Jahren des 20. Jh. an wurden die Eisenbahnen schnell zu einem Überbleibsel aus der Pionierzeit der industriellen Entwicklung. Das private Kraftfahrzeug schenkte den Menschen wesentlich mehr Mobilität. Die Fluglinien boten größeren Komfort, und Flugtickets kosteten auf langen Strecken weniger als Bahnfahrkarten. Deshalb verkleinerten die Bahngesellschaften die Streckennetze wieder. Zwischen 1950 und 1990 wurde die Gesamtlänge der Gleisstrecken Großbritanniens halbiert, das Streckennetz der Deutschen Bundesbahn ging in diesem Zeitraum von 30 500 auf 26 900 km zurück. Seit einigen Jahren aber ist die Bahn wieder auf dem Vormarsch. Neue technologische Entwicklungen haben zur Konstruktion schnellerer und zuverlässigerer Züge geführt. Außerdem ist die Bahn ein umweltfreundliches Verkehrsmittel.

Flugbahn
In den 20er-Jahren des 20. Jh. konstruierte George Bennie in der Nähe von Glasgow in Schottland eine Flugbahn. Die Räder liefen auf einer erhöht aufgehängten Schiene über dem Zug. Den Antrieb besorgte ein Propeller am Ende des Zuges. Das Experiment verlief zwar erfolgreich, aber die weitere Entwicklung des Zuges wäre zu teuer gewesen und wurde deshalb aufgegeben.

Gasturbinen
In einer Gasturbine wird ein Gas-Luft-Gemisch verbrannt. Die sich ausdehnenden Verbrennungsgase strömen über eine Turbine und versetzen sie in Drehung. Die erste Gasturbinenlok wurde 1941 in der Schweiz gebaut. Das Prinzip hat sich wegen hoher Betriebskosten nicht durchsetzen können.